Todo acerca de las serpientes y los lagartos

por Helen Gregory

Tabla de contenidos

Los reptiles 2
Las lenguas 6
La muda 8
Las diferencias 10

Consultora:
Adria F. Klein, Ph.D.
California State University, San Bernardino

capstone
classroom
Heinemann Raintree • Red Brick Learning
division of Capstone

Los reptiles

Las serpientes y los lagartos son reptiles. Un reptil es una clase de animal. Los reptiles se parecen en muchas cosas.

Los reptiles tienen columna vertebral y su cuerpo está cubierto de escamas secas.

Todos los reptiles son animales de sangre fría. Necesitan calentarse bajo el sol.

Necesitan enfriarse en la sombra.

Las lenguas

Los reptiles no tienen nariz, entonces usan la lengua para oler. La lengua entra y sale de la boca para captar un olor.

La lengua le indica a la boca si el olor es de un enemigo o de una comida rica.

La muda

Algunos reptiles mudan la piel cuando crecen.
Debajo de la piel vieja crece otra nueva.

Una serpiente muda toda la piel de una vez.
Parece como si se sacara una media.
Los lagartos mudan la piel de a poco.

Las diferencias

Las serpientes y los lagartos se diferencian en muchas cosas.
La mayoría de los lagartos tienen patas.

Las serpientes no tienen patas.
Para moverse, arrastran el cuerpo de un lado para otro.

La mayoría de los lagartos tienen párpados. Los párpados se abren y se cierran.

Las serpientes no tienen párpados. Sus ojos están siempre abiertos. Están cubiertos de una escama transparente que los protege.

Los lagartos y las serpientes oyen de manera diferente. Los lagartos tienen agujeros en el lugar de las orejas.
Las serpientes no tienen agujeros para oír. Sienten el movimiento del suelo.

Algunas crías de reptiles nacen de huevos.

Otros reptiles producen crías desarrolladas.
¿Cuántas crías de serpiente puedes contar?